Annette Neubauer

YAKARI
Der fliegende Bär

Ravensburger Buchverlag

Bibliografische Information der Deutschen Nationalbibliothek:

Die Deutsche Nationalbibliothek verzeichnet diese Publikation
in der Deutschen Nationalbibliografie.
Detaillierte bibliografische Daten sind im Internet
über http://dnb.d-nb.de abrufbar.

1 2 3 4   D C B A

Originalausgabe
© 2019 Ravensburger Buchverlag Otto Maier GmbH

© Derib + Job — Le Lombard (Dargaud-Lombard S.A.) 2019
Licensed by: Euro Lizenzen, D-80331 München
© 2016 - Ellipsanime Productions / Belvision /
ARD & WDR / Dargaud Media / 2 Minutes
Yakari TV Serie realisiert von Xavier Giacometti
nach der Geschichte « Der fliegende Bär »
von Stéphane Melchior

Producing: Weiß-Freiburg GmbH – Graphik & Buchgestaltung

Alle Rechte dieser Ausgabe vorbehalten durch
Ravensburger Buchverlag Otto Maier GmbH
Postfach 1860, 88188 Ravensburg

Printed in Germany
ISBN 978-3-473-49139-1
www.ravensburger.de

Inhalt

Honigtaus Traum

 ist mit im .

Die beiden beobachten .

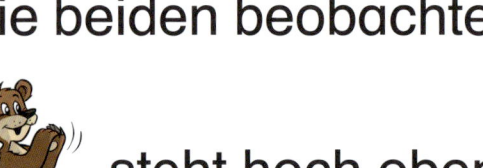 steht hoch oben auf einem .

Neben ihm sitzt ein .

„Breite zuerst deine weit aus

und dann spring!", sagt das .

„Mach das nicht, !

Das ist zu gefährlich", ruft ihm zu.

Aber hört nicht auf .

Er breitet die aus und springt.

„Ich kann fliegen!", ruft

und stürzt geradewegs nach unten.

Doch bevor er unsanft landet,

fängt ihn auf.

Die beiden purzeln über den .

 und rappeln sich

schnell wieder auf.

„Habt ihr das gerade gesehen?

Ich kann fliegen!", ruft glücklich.

„Du bist vom gefallen wie ein .

konnte dich gerade noch fangen",

sagt .

Jetzt gleitet das vom

und stellt sich zu den Freunden.

„Mit ein bisschen mehr Übung

kannst du sicher bald fliegen",

sagt das zu .

„Wie kannst du zu so einem

Unsinn ermutigen?", ruft entrüstet.

„Ich habe das gebeten,

mir das Fliegen beizubringen",

gesteht kleinlaut.

„Und hat mir als Belohnung

frischen, süßen angeboten.

Da konnte ich nicht widerstehen",

fügt das hinzu.

„ sind nicht zum Fliegen geschaffen.

Das wisst ihr doch", sagt streng

zu und dem .

Doch schaut sehnsuchtsvoll nach

oben und beobachtet einige ,

die elegant am fliegen.

Ach, wäre ich doch nur ein ",

seufzt .

Von Wolke zu Wolke

„Um zu fliegen wie ein

fehlen dir vor allem ", erklärt .

„ haben auch keine

und können trotzdem gut fliegen",

entgegnet .

14

„Es heißt zwar wirklich ,

aber ein fliegt nicht, sondern

es gleitet durch die Luft", erklärt .

„Von zu gleiten! Nichts

wünsche ich mir mehr", sagt .

„Wenn ich mit galoppiere,

ist es fast wie fliegen", sagt .

„Ach, wirklich?", fragt und staunt.

„Naja, es ist nicht dasselbe, aber auch

nicht so gefährlich!", antwortet .

Ich würde auch so gerne mal

auf reiten", sagt .

„Dann los!", antwortet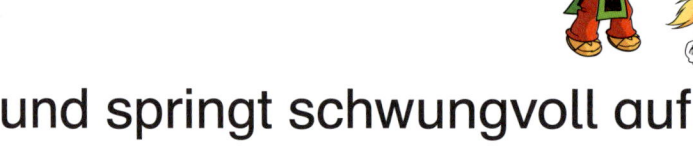

und springt schwungvoll auf .

 klettert hinterher und

kurz darauf reiten sie zu dritt

hinauf in die .

Der ist schmal und steil.

 sitzt hinter und hält sich fest.

17

In den Bergen

„Bitte, jetzt will ich mal vorne sitzen",

ruft aufgeregt und klettert

auf den von .

„Aua! Vorsichtig, du kratzt mich

mit deinen ", ruft .

Doch klettert einfach weiter.

Schon sitzt er auf den von .

Jetzt breitet er seine aus.

„Lauf schneller! Flieg, !",

ruft lachend.

„Komm wieder runter, !

Sonst fällst du noch hin!", ruft .

Auf einmal kreuzt die Mutter von

den und bleibt stehen.

 stoppt so plötzlich,

dass weit über den von

 fliegt. Gerade noch rechtzeitig

packt ihn die an den .

 hängt kopfunter über einem .

Aber fürchtet sich kein bisschen.

„Guck mal, wie ich fliege", ruft

der zu.

„Ich finde das gar nicht lustig!

Du hättest dir sehr wehtun können",

sagt die . Sie zieht hoch

und stellt ihn wieder auf die .

Yakari hat eine Idee

Die stellt sich vor .

„Wenn ich euch nicht vertrauen kann,

spielt ihr nie mehr miteinander",

sagt die streng.

„Verzeih uns bitte. Glaub mir,

wir machen das nie wieder",

antwortet betrübt.

„Ich passe besser auf auf!

Das verspreche ich dir."

Die dreht sich zu und fragt:

„Hast du etwa unseren geklaut?"

„Den habe ich dem gegeben,

damit es mir beibringt zu fliegen",

antwortet kleinlaut und

schaut die mit großen an.

„ fliegen einfach nicht.

Merk dir das endlich! Und jetzt:

Ab mit dir nach Hause",

antwortet die

und geht los.

und schauen den beiden

nachdenklich hinterher.

„ fühlt sich bestimmt allein!

Niemand glaubt an seinen Traum.

Dabei will er nichts lieber als fliegen",

sagt zu .

Doch plötzlich hat eine Idee!

Eine große Überraschung

 reitet auf zurück ins .

Dort trabt zur ,

um frisches zu fressen.

setzt sich neben ihn.

Er schnitzt an einem .

Neugierig schaut ihm zu

und fragt: „Was wird das?"

„Das wird ein für !",

antwortet geheimnisvoll.

Er bindet zwei zusammen.

Am nächsten Morgen reitet

mit wieder in die .

hält einen selbst gebastelten

in der .

Als und auf dem

höchsten angekommen sind,

springt auf den .

Hier oben ist es sehr windig.

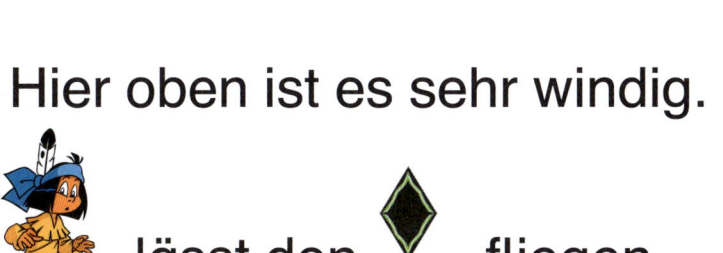 lässt den fliegen.

Der segelt einige Meter,

bevor er wieder auf dem landet.

„Juhu! Es klappt", ruft .

Dann bindet ein an den .

Jetzt kann den fliegen lassen,

ohne ihn zu verlieren.

Ein seltsamer Vogel

 ist mit der am .

Die schleudert

mit der einen zu.

Hungrig greift nach dem .

Aber der gleitet ihm weg

und hüpft zurück in den .

„Du bist viel zu langsam",

sagt die zu .

„So kannst du keinen fangen."

„Du machst dich über mich lustig!

Wenn du mich nicht magst,

lauf ich eben weg", sagt beleidigt.

 läuft einfach los. Da entdeckt er

plötzlich etwas am .

Dort oben fliegt etwas Seltsames.

Schnell läuft den hinauf.

Dort stehen und .

hat ein in der und lässt den fliegen.

„Was hast du da für ein Ding?",

fragt aufgeregt.

„Du kommst gerade recht, .

Den habe ich für dich gebaut",

antwortet stolz.

„Er sieht aus wie ein eckiges ",

sagt und lacht.

 gibt das und sagt:

„Jetzt bist du dran, . Halte

den gut fest!"

lässt den schönen

hoch oben am fliegen.

Der segelt mit den

zwischen den .

Ein Sturm zieht auf

Doch plötzlich wird es dunkel und

die ziehen sich zusammen.

„Gleich gibt es einen !

 , hol den sofort runter",

ruft erschrocken.

Aber ist nicht stark genug.

Der fliegt immer weiter hoch.

„Zieh fester!", ruft

und klammert sich an .

Doch es nützt leider nichts.

Der ist zu kräftig.

und werden

mit dem zum gezogen.

kann sich nicht länger

an festhalten.

Er rutscht ab und fällt hin.

„Lass sofort das los!",

ruft er aufgeregt nach.

„Ich will aber nicht!", antwortet .

fliegt mit dem

 über den tiefen .

„Gut festhalten, . Lass nicht los!

Der wird sich bald legen.

Wir holen dich", ruft ihm hinterher.

 fliegt über den hinweg

hinauf in den .

38

„Hätte ich den

doch nie geschenkt", sagt

und schaut betrübt nach.

„Komm, steig schnell auf.

Wir reiten hinterher",

sagt und galoppiert los.

Wo ist Honigtau?

Schnell galoppiert auf

durch den .

Die beiden sehen wie

sich nur noch mühevoll

am festhalten kann.

„Rette mich, !", ruft ängstlich.

„Pass gut auf, wir dürfen

nicht verlieren", ruft .

Dabei läuft er so schnell er kann.

Doch plötzlich endet der .

 stoppt im letzten Moment.

Vor ihnen ist ein tiefer .

In dem Moment fällt der herunter

und landet direkt neben .

Doch ist nirgends zu sehen.

„, wo bist du?", ruft erschrocken.

„ ! !

Hier bin ich", ruft ihnen

von einem herab zu.

Mit einer klammert er sich fest und

mit der anderen winkt er ihnen zu.

„Ich hole dich", ruft zurück.

Honigtaus Rettung

 löst das ⌒ von dem 🪁.

Ein Ende wickelt um einen 🌲

und zieht das ⌒ fest.

Das andere Ende schleudert

kreisförmig über seinem .

„Ich werfe das ⌒ da drüben

um den direkt neben dir.

Dann klettere ich hinauf und hole dich!",

ruft zu .

44

zielt und lässt das los.

Geschafft! Es hat geklappt.

 hat den erwischt.

Er spannt das straff und

klettert hinauf zum .

Als er oben angekommen ist,

reicht er die .

„Halt dich fest und

klettere auf meinen ,

so wie gestern auf ",

sagt zu .

Doch traut sich nicht und

klammert sich weiter am fest.

„Du schaffst das", sagt .

Ängstlich und zitternd streckt

 eine entgegen.

 nimmt die zitternde und

zieht mit festem Griff zu sich.

 lässt den los und

schlingt seine und

fest um .

„Sei ganz vorsichtig, .

Ich will nicht runterfallen",

stammelt ängstlich.

„Mach besser die 👀 zu",

schlägt vor.

Dann gleitet er mit auf dem

geschickt am Seil hinunter.

 vergisst dabei seine Angst.

Durch die Luft zu gleiten ist richtig toll!

Schnell sind die beiden wieder unten.

Das Versprechen

„Bitte verzeih mir, .

Es war meine Schuld.

Hätte ich dir den

nur nie geschenkt", sagt .

„Oh nein. Auch wenn ich Angst hatte,

weiß ich jetzt, wie sich die

am _____ fühlen müssen.

Aber ab heute spiele ich

nie wieder . Versprochen!",

sagt und hebt seine .

„Wir bringen dich jetzt zurück.

Die sorgt sich bestimmt

schon sehr um dich", sagt .

 reitet los und läuft nebenher.

Im wartet die

schon auf .

„Mein Schatz! Wo warst du nur?

Ich habe überall nach dir gesucht!",

sagt die und stupst

liebevoll mit der an.

„Ich habe mich oben

in den Bergen verlaufen.

Aber und

haben mich gerettet", sagt .

Zum Dank schleckt die

 schmatzend ab.

Doch mag das nicht besonders.

54

Am Fluss

Am nächsten Tag sind alle am .

 schleudert einen

direkt vor die der .

„Bravo! Das war sehr gut!

Du kannst jetzt suchen

und ganz toll fangen.

Aus dir wird doch noch mal

ein richtiger ",

sagt die stolz.

Jetzt beugt sich auch in den

 und greift blitzschnell

nach einem .

„Sieh mal, ! Jetzt habe ich auch

einen gefangen!", ruft .

57

Doch hört gar nicht zu.

Er schaut verträumt in den .

Dort oben fliegen .

„Ähm!" räuspert sich laut.

„ , wir sind hier und nicht da oben!"

„Oh! Ich habe dich verstanden",

sagt und dreht sich

schnell zu .

„Wirklich?", fragt schmunzelnd.

„Wenn ich in den schaue,

dann will ich nur sehen,

ob es bald regnet", sagt .

 lächelt ihn zufrieden an.

Die Wörter zu den Bildern

Yakari

Kleiner Donner

Wald

Honigtau

Baum

Flughörnchen

Arme

Boden

Stein

Honig

Bären

Adler   (viele)

Himmel

Vogel

Adler

Federn

Wolke

Berge

Weg	Wiese
Rücken	Gras
Tatzen	Ast
Schultern	Geschenk
Kopf	Äste
Bärenmutter	Drachen
Beine	Hand
Abgrund	Berg
Augen	Seil
Indianerdorf	Fluss

Tatze

Felsen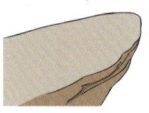

Fisch

Vögel

Wolken

Schnauze

Sturm

Fische

Wind

Bär